7		3						8
		6	8	3		7		1
8			9		1		2	
6			1	2			7	
3		2						9
		5	4		8	6	3	[illegible]
2			7	1		8	5	[illegible]
	3		6					[illegible]
4		1		5		9		[illegible]

SUDOKU 2: easy

	4							[illegible]
1		3	6		4	8	7	[illegible]
2				5	3		4	6
				8		2		
5		2	3					4
	6	7	2	1		9		8
		5	7	4		3		
7					9		8	2
9		8		6				7

SUDOKU 3: easy

	6					3		
		9	2		3	7	8	
3		2		4	8		6	
	3			1	4			9
9	8			7		4		
4					9		7	1
1	4			9	2		3	
	2					1		6
6			7	3				8

SUDOKU 4: easy

8	6			1				
	3		8			6	5	
		1	5		6	2	8	
	9					3		2
5				7	3		9	
	7	8	6	2				5
1	8				7		3	
	2		9	8		1		4
6				4		7		

SUDOKU 5: easy

5				3	9	2		6
	7				2	9		3
	3	2	5					
	2	5		4		7		
		3	8					4
	6		2		1		8	5
	1						6	7
		9	4	7		1		
2	4		6		3		9	

SUDOKU 6: easy

	7				4	2		
1			7		9		6	3
	4	6	8					9
		8			3	5		
	5		2					7
	3	9		4	7		1	6
4			3	9			8	1
8	9						2	
		5	1	2				4

SUDOKU 7: easy

7		3	1	8			6	
	4	8			6			2
				2		4	3	
	8			1	9			4
		5			7	8		
2		1		3		9	5	
6	7		9			3		1
		9		7	1			
1				4		7		6

SUDOKU 8: easy

3	9			5			1	
			8					3
7		6	2	3			8	4
9			1	7				5
8	4		6				7	
	7				4	8	3	
	3		9		5	1	6	
		1						
5	2			6	1	7		8

SUDOKU 9: easy

5		9		3			8	
	7		5			6		2
		4	7	6				5
8			3	2				9
		6					2	
2		1		5	4		7	6
					9			
	8	3	2			9		4
4	9		1	8		5	6	

SUDOKU 10: easy

2		5		9		6		8
	1				6			3
8			5		3	7		
6					4	1		
	4		7					2
5		9	8		2		3	6
		1		7	8			
9		7		3		2	8	
3			4			9	1	

SUDOKU 11: easy

4						7		2
	1	7	8		6			3
		9		2	3		8	
3	7			6	1			
					7	3	5	
1		2	5			6	4	
9					4	2		5
6		3	1		9	4	7	
	5			8				

SUDOKU 12: easy

4	5		9	1		8		
3		8	5		7		1	
						7		4
	4	5	7			3		8
				2				7
2		9	4	8		5		
	9	4		3	1			
5					9		8	2
	2		8			1		3

SUDOKU 13: easy

8		3				5		
		4	7	9			2	8
	9		4		3			1
7	5			6		2		3
4	6		8					
			2		7	4	8	
5	8		1	2		7		4
					9		6	
3		6	5			1		

SUDOKU 14: easy

	1	7			5	2		
	4	8	9	3			5	
				6			4	7
	7	1		2				8
	8				9	5		
3			6	1		9		4
8		5		4	1		2	9
	3							1
1			8		3	7		

SUDOKU 15: easy

		7			2		5	
5				3		8		
	1	6	4	7		9	3	
		4	2			1	5	
	8	1	9		3			4
	2						9	8
		9			8	6	4	
2				4			7	
	6	3		9	7			1

SUDOKU 16: easy

	6		3			8		
	1	8		2	4	5	9	
		3			5			7
	4	9			1			6
2				4	8	1		5
		5	7			9		
6		1		7				
9				6	2		1	8
	3				9		7	2

SUDOKU 17: easy

	9		7	3				
5	6		8			7	4	
		8			2	1	3	
	2			4		3	1	
9	1			7	5			6
		5			8	4		
				1		6		
	7	1	2	5			8	4
4		6			3			1

SUDOKU 18: easy

	1	2	6		3		7	
		5				3	2	
	7		1		5			8
	4		5			8		
8				6				2
	9	1		4	7	6		3
	3		2			7		9
	6	9	4	3			1	
5				7		4		

SUDOKU 19: easy

4		3						5
	8		5		1	7		
		7	4		6	1		3
7	9				3	4		
		1		4	2	6		9
2				7			5	
6	4		7	2		9		1
	3			6			8	
8					5	2		

SUDOKU 20: easy

					4	8	2	
2		4	9		7			
7	1			8		3	9	
9	2			7	6	4	3	
		8	5					
6					3		1	8
	4	7		5	9			2
	6		1		2	5		
3							4	1

SUDOKU 21: easy

3			9	1				4
	1					8	7	
9	7		2	8			3	
		4			2			7
5	9			3	6	2		8
6			1			4		
2	5		6		8		9	
		1			3	6		
8			7			3		5

SUDOKU 22: easy

3			5					7
	2			6	9		3	1
7		9		1			4	
6		1		9	2	7		3
		4	8					6
8				3			5	
1	4				5			
		8		7		5	2	
	7			2	4	1	6	

SUDOKU 23: easy

6	1		7	4			3	9
		5	3					8
7					2		5	
4				2	1			5
	2					8	9	
1	8			9	3	4		
		2	4				7	
3	6		9		7	1		
9					8		4	6

SUDOKU 24: easy

		6	7					
7				6	5		9	3
9		8			2	5	6	
	2		6				3	1
8	1			3			2	
		3	9	2				8
6			3	1			5	2
	9			7		8		6
	7	1	5					

SUDOKU 25: easy

8	9		3			5	4	
			2		8			
7		3		5			9	2
	4	8				7		5
	6		5		7		3	
9				3	6			4
6		4	9			3	8	
					2	6		
	8	9	7		3		2	

SUDOKU 26: easy

	4	1			6		5	9
			8					1
7		5		1	4		8	
			4			8		2
1	9			8		5		
6		4	7	2			1	
2		7	1			6		
9			5	6				7
		6		7		2	9	

SUDOKU 27: easy

	1		7		8			
5				1		3		8
	3	4	5			7	2	
	7		9		6	4	1	
6	4			8				3
2					3	9		
4	2					6		
		6		4	7		5	2
	8			5	2		4	

SUDOKU 28: easy

2	9			4	7		6	
1		3		8		7		
			5			4	3	
		6	8		5	2	1	
7								4
8		1		6	9	3		
5	1			3		9		
			9			8	4	
9		4	1		8		7	

SUDOKU 29: easy

8	9		4	7		3		
			3					6
	1	6		9		8		4
		9	6		4		1	
6			7	5		4		
1	8						5	7
			8	3				
9		8		4		1		5
	4	7			5	9	3	

SUDOKU 30: easy

	5				3	2	4	
2				7	1	6		9
	3	1		9				
		7		5	6	4		
4	1				7			6
	6			2		1		7
3			9		2	7		5
		2		3				
5		4	6				9	2

SUDOKU 31: easy

	1		8		3			9
2			9				6	
	3	7		4			2	5
			4					3
3	5			9	6	1		2
4		9		3			8	
6			3		8		1	
	4	2	5		9	6		
	7					5		8

SUDOKU 32: easy

		7	6			4	1	
5		6			4			7
2			7		1		6	
		3		4	2		5	
9							3	1
7		1	9		6	2		
3								2
	9	2	5		7	3		
	6		2	9		5		4

SUDOKU 33: normal

								3
			7				8	
2				9	1	7		
	6						1	
			6	1				
8		9			3			6
4		6			5	2		
1					8		9	7
	2		3			1		

SUDOKU 34: normal

		8		3			2	
							5	
					8			1
	6		4					9
					5		1	2
2	9	1	8				4	
				5				
3	5		9			4	6	7
1					3			

SUDOKU 35: normal

			9					2
	4				6	7		
6			7	3	2	1		
9		5						1
		7				5	6	
1	8					3		
		1	5	7			4	6
8		3						7
			2					

SUDOKU 36: normal

		8				9		
	4							
2			6	5	3	8		4
		1	9					
				4				
	8			7			1	
3			2					5
		4	7	9				
1				3		7	9	2

SUDOKU 37: normal

	3	1				9		7
6				3	2		1	
					8	2		
				7	1	3	9	
		2		4			5	1
	8							4
	2	6						
		7			3			
5		3	6		9			

SUDOKU 38: normal

	6				5	2		
		8		2			4	7
		1			8			
2				5				6
	7		8					1
		6				8	9	
				1			5	
		9		7			3	8
			5			9		

SUDOKU 39: normal

8								
5			4		8	9		2
1			2	7			4	
					4			6
9				5	7			
3		4			2			
		3	9				6	
	9							3
7				8	6			

SUDOKU 40: normal

								6
3							2	
		1		3				9
		6						
1			2					
	4		1		6	5	8	7
	5				7		4	
6							9	2
	3		9	2	4			5

SUDOKU 41: normal

				4	2		6	9
	6	5	9			1		
		3		5				
1		4				8		6
		6						2
							5	1
					7		3	
	2	9	4	6				
	7		8		9			5

SUDOKU 42: normal

		6	8		9			
7				1			8	
	2			6		5		
			9				5	
					5	1		
		9		8	3	7		
6			2					5
		8		7	4	2		
		1						8

SUDOKU 43: normal

6	5	3			9	1	4	
			1			2		
				4				
	4							
	7			1				8
2			8					
	3				8	7	9	2
7	2		4					
9					3		5	

SUDOKU 44: normal

9			6				8	
1					8	5	4	9
		4						2
		1		7	2			
5			3		1			
7	8			9				
		9		5	3			
								4
	6	8		1		9		7

SUDOKU 45: normal

	2	5		6	3			7
9	3		2					4
								5
7		9						6
		2			8			
		3				2		1
	6		8			1		
					1		6	
5		8						9

SUDOKU 46: normal

4	1		8					
	2	5		1				
		3	5		6			
		1		6	9	5		3
	4	8		3				
						7		
9			3				6	
				7		2		
	6		1			3	7	8

SUDOKU 47: normal

		4			8		5	
	8		3	6		2		
		2				7		
	7		4					
4					1			
	6		9	2		1		
	4			5				8
			1		2	5		
2				7			6	

SUDOKU 48: normal

8	3		9			1		
				1	3		7	5
6							8	
	4			8		2		1
1	5					7	3	
					6			4
				9	8			
3				5				
7		9	2	3				

SUDOKU 49: normal

	8				5		7	2
			3			5		
3		5						
					8			
7	3			4				1
		4	2					
	2		7		4			3
	6			1			5	9
		8		3		1		

SUDOKU 50: normal

	6		8				9	
				3		4		
8			4	9	5		1	
3		7				1		
		9					7	8
1	2						5	
2		5				9		
				4				
		1		7	9	8		6

SUDOKU 51: normal

			4					
		8		9				
3	1				8			2
				1		7		
1		7						
	4		7				3	9
	6				2		7	5
	9		8	3				1
		4			1	2		

SUDOKU 52: normal

4	1		6		8			
		5		4		9	1	
					9	7		
6						1		
1		3				8		5
5	9							
	7		2					
				8	1	4	6	
9			4	3			2	

SUDOKU 53: normal

	9	7		8	1			4
				5				
	1					2		6
6						4	2	
	4					3		8
8		9						1
	5			3				
4			5	1	6	9		
1			9				7	

SUDOKU 54: normal

3				2	6			9
8							3	
	4		9				7	
					7			8
			1			7		
1				3	5			2
		9		4				7
	2			8		3		
4			3		1			

SUDOKU 55: normal

				8	1		4	6
9			4	3				2
	7		2					
6							1	
5	9							
1		3				5	8	
		5		4			9	1
4	1		6		8			
					9		7	

SUDOKU 56: normal

			3	5			7	1
	7	6			1	2		
		4		6				
	3	1		7	5			
	8		1		9			6
			8				4	
2		5				9		7
		7						3
							6	2

SUDOKU 57: normal

			8		6	1		4
					2			6
				5	1			
		7		3				
	8	9			5		7	
6	4						2	9
5								3
4		2		6	9			
	9		1				6	5

SUDOKU 58: normal

						3	7	
		8				4		
3		6				8		1
		5		7				
	8	7			2			3
			4	6		2	8	
	9		2		1	7		
	4	2		8	6			
			9				5	

SUDOKU 59: normal

6				1	4		5	8
7			3	8		1		
4								
5			6		3			
					1			2
9		1			8			
3			4		2			
		9		5		2		
	5							9

SUDOKU 60: normal

		1						6
				5	3		4	
	3		6			1		
	2		9	4			8	
							5	
6		9	2		5		7	
		3			2			
					9	2	1	
				7	4		6	

SUDOKU 61: normal

					2	1		
8	7	5	6		1			4
							6	
	5		4	2	9			3
9	2					6		
4			7					5
2						3		
	6							
	9			3			1	

SUDOKU 62: normal

							9	5
1								6
8	5					3		1
				2			7	
4		6	8		1			
		2	3	4				9
7					9			
				6	8		1	4
9		1	4			5		

SUDOKU 63: normal

5	7	3		8				6
	1		7					8
			3	5			9	
	9	4	2	1	8			7
		5					4	
						9		
6				3		4		
			5				6	
				9				

SUDOKU 64: normal

	7							
3								2
		2			5	4	6	
		5	1		8	9		
		4		5				7
6	2				4	3		
4				1				
							4	1
	1		6		3	7		

SUDOKU 65: hard

		9	4					3
	7					9	8	
5		4			8			
		6			4	1		
			3					7
				6				
				2	9			
	1	7				4		
	3		8			7		5

SUDOKU 66: hard

			8	2		7		
					9		6	
	3				4	8		1
3		1	7			6	5	
			2					4
		7						
6	7					3		
2		5						7
							8	

SUDOKU 67: hard

			5			7		1
3				7				
			2	6				3
	6				8			5
1			7				4	
8		7		3				6
4	9							
		2						
		8					2	7

SUDOKU 68: hard

7		1		5	9			2
			8					6
		2						
					3			
6		9	2					
5	2			7				
				2			6	3
					5	4		
	7		1	3		8		

SUDOKU 69: hard

		4	8		7			
	8			6	3			
9								
6		7		1	4	8		
				8				
	5					3		
	1	9	4					5
7								2
		8				9	3	

SUDOKU 70: hard

3			5			4		
		5		2				3
					7	9		
6								
5		4	7				8	
	8						1	2
	3							
	4		1				5	8
		2		8				6

SUDOKU 71: hard

		4	2				3	
	9			4				2
6							8	
			5					
		6	4	3		7		
					7	1		9
		1			3	4		7
					2			
	7			9				5

SUDOKU 72: hard

4			6					8
						1		
6	3			9		2		
		7			5			
1			8					3
		2		3			1	
8	9					6		
	6			5			3	2
							4	

SUDOKU 73: hard

2			9	1		6	7	
8								5
				2				
			7		2		9	
			8	6				2
						3		
	5				9		3	1
3		8					2	
	4					7		

SUDOKU 74: hard

	3		1					2
8					3	1		
		5						7
	9			2		6	3	
				1				
6					8	4		
			4					
	5		3		2		6	
				6		8	9	

SUDOKU 75: hard

8	6				1	3		
5				8	2			
							4	9
	1			4		5		
			6	5			3	
4		3			8			
2				7			5	
	8					1		
								7

SUDOKU 76: hard

				6		1	2	
	3		2					8
		1	3		4			
5								
	8							6
		3	5				9	
7		2						
			6	9			3	
	1			8			6	4

SUDOKU 77: hard

			8			2		
		6		3				9
	9				6	5		
	7							
4							1	3
	6	5			8		4	
9								
		3		4				7
5					1		6	4

SUDOKU 78: hard

	4						8	
			1		8			6
			4				7	9
2	5							
		9						
		3	8	9				
	1			5				8
	3	8	7				4	
7			6			3		

SUDOKU 79: hard

		8	2			9		
	7				4		1	
		9		6			2	4
		6		9	5			
				4			6	
4		1			8			
								5
						3	7	
	5	4						2

SUDOKU 80: hard

								3
			4			1		
3					2		8	
8		9					6	
7			1			8		
	4			6	7			
							7	5
	1		9		4	6		
4	2				8			

SUDOKU 81: hard

4	3			1				
			8					
1			7		6	9		
				5				
7	1			6		4		
	8				3		1	
	5				7		3	
		6	5			7		
		2						9

SUDOKU 82: hard

		6		1	3		5	
3	4				9			
		2	8					
						9		
9			7		8	1		5
4				6				
					5		9	8
				9		7		4
			3					

SUDOKU 83: hard

	7		9			1		
							4	
	9	6		2			5	
	1	2					9	
		9		8		5		6
								7
3					8			
	4		1			6		
5				6				4

SUDOKU 84: hard

	4				9			2
			7			8	9	
		8		5	4			
		4			6		1	
	2							7
6								
3		9						
			1		7		4	
	8		2				7	5

SUDOKU 85: hard

		2	4					8
				5				
1				6		7		2
9			6		7	2		
				2		1		4
					8			
7					5		6	
	9						3	
		4	7					5

SUDOKU 86: hard

1				9				3
			4	3		8		
	8	9			6			
							5	
		2		5		3		
6								1
						9	7	
		3		6	2			
4		6			1			8

SUDOKU 87: hard

6						3		
			3		1		8	
					6	9	5	
7	2							
		4		5	3			
		5						
1				7			3	
4		3			9	6		
	9				8			4

SUDOKU 88: hard

5					7			
		8		1		3		
	3				2			1
	5		6			2		3
								4
			9	8			6	
		6		4		8		
	9		3	6			2	
							1	

SUDOKU 89: hard

	8			6				
		2			9	4		
	3		4					2
								5
7			6			3		4
1		9					7	
		5			7	9		
							2	
4		7	1				3	

SUDOKU 90: hard

	6	2	9					8
	5			7	6			
4			1					
6								
	8						4	5
		5				3	7	
3	4				5	2	8	
		9			7			
						5		

SUDOKU 91: hard

		8			1	6		
			3					
2			4			8	5	
				6				
			8			1	2	
7				5	4		8	
		1			5	3		
	7							9
5				3				4

SUDOKU 92: hard

			1	6				
					3	9	4	
					4			
	9			2			6	
5				3	9	8		
		3	8			7		
	7					2		9
8	4					5		
9				5				

SUDOKU 93: hard

8	7		3					
		5		8				9
				9	1		7	
						2		
		3						5
6				2			9	
						4	8	
9			6	3				
3		1	5					7

SUDOKU 94: hard

						6		
			3		6	4		
							5	8
	3							7
6	2		7					
9			1	3				
		4	9				2	
3					8			1
	7		2			3		4

SUDOKU 95: hard

	7			5				
		1			8	3		
	2		3					1
		4			6	8		
							1	
3		6	9				2	
								4
9		8					6	
6			5			2		3

SUDOKU 96: hard

					8			3
		6	1			4		
4				6				5
7								
	9					1	2	
6		5		8			9	
		1	9			7		
	5			2		9	6	
	4							

SUDOKU 97: very hard

		5	8	3				
					4	5	7	3
							4	
		9	3	6	5			
		8	4			1		7
5							3	9
		2						
	3				8		1	
		6		7			2	

SUDOKU 98: very hard

	8				7	1	5	
	7				2	9		6
			9	1			2	
			6			7		8
		1						
	2		7	6	5			
1								
	5	9					3	2

SUDOKU 99: very hard

7						3		
9	6		4	3				5
5						9		1
		5	9				8	
		2				6	5	
6				2			7	
		7	8		4	2	1	
								7
				5				

SUDOKU 100: very hard

				1	4	2		
5					9	3		
6				8				5
		9						1
		2				9		4
		8		2	5			
4							1	
8		5		3	2			
	1							

SUDOKU 101: very hard

				7	6	5		
		9						
			1			8	9	
7			4		9			6
6				5	8			1
	9							
4		8	2	1				
1						6	5	4

SUDOKU 102: very hard

			4				8	
4		5			6		3	7
			3		2		6	
1				8			7	
			7	6		1		
		3		9		6		
	5	9	1	2		8		
					8			
6								

SUDOKU 103: very hard

6			5				8	
		3		4			9	
		9						
		1	2	3	6			
		5			7	8		4
	2						6	1
		2		6	5			
							7	
			7			2	4	6

SUDOKU 104: very hard

	4		9	8	7			
		1						
2	7						5	4
1								
			2	1			4	
			8			9		3
	9				4	2		8
	3				9	1	7	

SUDOKU 105: very hard

	4		8		1			
	8	5			4	3	2	
	6		2					
4				7		8		
	5			6			9	
9			5	4				
6			9	1		7		3
				6				
							4	

SUDOKU 106: very hard

	6		1				8	
5					4		9	
					9			
1		6			3			
							2	
	2					3	5	1
		2			6	8		5
			3				1	7
4	3	1			7			

SUDOKU 107: very hard

						4		
4						7	5	3
	8	3	5					
8					3	1		
			2					
		7	6			2		
5	3	6	9					
				5		3		9
	4		8				1	7

SUDOKU 108: very hard

1	7					5	4	
		2						
	4		8	7	9			
					8		3	9
			2		1	4		
2								
	3			9		7		2
	9			4			8	1

SUDOKU 109: very hard

	7		1	2				
	4			9				
8	2		7				6	9
		4		3	1	6	5	
								7
			4					
		3		8	7			
	8				4			3
		7			5		2	

SUDOKU 110: very hard

								4
1	8	9					5	
				6	5	3	8	
3		4		5				
						4		
9			1		2			
	5		3		9		1	
	1		4	8			2	

SUDOKU 111: very hard

		7			5		1	
		6	9		8			
	1		4				2	
						9		
9							8	
			7		6		4	1
	8	5						6
	9							5
			6		1			4

SUDOKU 112: very hard

	3			7	2		9	
	9		8		1		4	
				4		2		1
		2						
			3		9			8
2								
	4					8	7	9
	7	1	4	5				

SUDOKU 113: very hard

6	5		7				3	8
			1	3			7	
				5			9	
	7							
			9					
2		6		4	1	9		
	4				9		8	
3					2	7		
				8	7	4		

SUDOKU 114: very hard

	5							
					7			
8		4	1	3			7	
	3		7					6
2			8				5	
			5	6			3	
				2	1			5
4	9				5	6		2
				9				7

SUDOKU 115: very hard

6	2				8			9
	1	7			3			8
	8	9		7				
						2		
3			2	1				
							2	
			7	8	6			3
4		3				1		6

SUDOKU 116: very hard

	7		6					2
		8			3			1
			2					
				5			9	3
4			8			1	7	
3	6	5	9					
								4
8	3		5					
		4				5	3	7

SUDOKU 117: very hard

	9	4					7	6
	6		1	9	2			
5								
					1	2		3
		5						
			5		4		6	
	2			6		4		1
	3			2		5	9	

SUDOKU 118: very hard

	7			5	1	8		
	2		6		9	7		
9		1		2				
							1	
6			8		7			
7	5	6				2		
								1
			2	3		5	9	

SUDOKU 119: very hard

	9	8					1	
		5				6		7
				9				
6			7			9	4	
1			6			8		5
4	5	6	1					
					9			
			4	8			2	1

SUDOKU 120: very hard

	3							
	7			3		8		
4				2			9	
				5				
			4	8	6		5	
	6					4		9
		6	1	4				
	1					7	6	4
	9		8		2			5

SUDOKU 121: very hard

				3		2		
1		9				7		4
							3	
		8		2				9
				3				8
9		4						7
3		2	9					
7				4	5			
		8	1		4			

SUDOKU 122: very hard

					3			7
	3	4	5				6	9
			2		9			5
4		8		2	1	7		
	5							
			7					
		9		8		5		
				5	6	1		
	1			7				6

SUDOKU 123: very hard

			1		7	3		
	2	9	3			7		4
					9	5		
2	6			1	8		5	
			5					
		3						
		8		5		4		
	7			6			3	
				3	4		8	

SUDOKU 124: very hard

		3		7				6
4					8			5
		8					4	3
		5	2	6			8	9
						5		
					3			
5							1	
3						9	7	
7	4			2	1	3		

SUDOKU 125: very hard

								9
2	1				6	8	3	
		6						
	3				9		4	
5	9				2			
	6			5				2
7				6				
4		1		9				
		9	5	4			8	7

SUDOKU 126: very hard

							8	
		5						
1	2			5		3		7
	5				9		1	
	3			8		4		
9	8			1				
4		2			8			
6					5			
		8	9		4	7	6	

SUDOKU 127: very hard

	1				3	8		
	2			6			7	
				2				
3	7	5				4		
				5			3	8
	4							
7		1		8				4
9	3		5					
				9		5	6	3

SUDOKU 128: very hard

6	4	5					8	
						2		
			8	9			4	1
1		2		8				
								2
5			7		6			
	6			4	2		7	
	8		5		1		6	

SUDOKU 129: extreme

4		2				3	6	
	8					5	2	
9				6				
				2			8	
		7						
	5		9		1			7
			6		2			
		8				4		
		4	1			2	3	

SUDOKU 130: extreme

1								
	2				4	9	3	
			5		3	4	8	
	3							9
6				3				
7				9	6			
		1	2		5	3		
8							2	
						5		7

SUDOKU 131: extreme

		9	2					
						3		7
		2	3	4				1
	6				8	1		5
				9			3	
		8						
5							7	
2		3	4	7				
	9		6	3				

SUDOKU 132: extreme

8		1				6		
4						1		
				8			4	
	2	4	5	7				
		5	8	4			3	
						9		
			2		6			
				3		7		
	3	2	4					9

SUDOKU 133: extreme

	9				6		1	8
6								
				7		3		
		8				5		
	7		9	3				
3		2	4	5				
2			3	4				1
							3	5
7			2					

SUDOKU 134: extreme

4								
					6	5		
	8		3	7			4	
		7			9			
	5					6		8
6		2				9		1
2				3		1		6
5								2
			6	9				

SUDOKU 135: extreme

					5			
		8	6				4	7
	9	7					8	3
7					1			
			7			4		
4		1			2			
						2	9	
	6	9		5			7	
					3			6

SUDOKU 136: extreme

			7		2	3		8
6			8			7		4
		5						
		3				6		
	5		2		6			7
							9	2
		9	1	4				
7							4	
		1		7				

SUDOKU 137: extreme

				5				
1			6				4	7
7	2						1	9
2	6				5		7	
						8	2	
			9					6
3		4	8					
			7			4		
		7	3					

SUDOKU 138: extreme

					2			
4	6					7	5	
5				3		4	8	
6	3		2				4	
					7	3		
							6	9
1		8			9			
		4			1			
				4				8

SUDOKU 139: extreme

7								
	8				2		6	1
				3	1		2	5
	1					6		
4			1					
9			6		4			
						9	3	
5								8
		7		8	3		1	

SUDOKU 140: extreme

	3				5	8	4	
9								
			2		4	5	7	
						2		6
7							3	
		9	3		2	4		
	4							8
1				4				
6				8	1			

SUDOKU 141: extreme

			2	6			5	
3						1		
			7	3		8		6
	9	1			4		2	
6				5				
								4
		9	6	7				8
	6	3						
			8					5

SUDOKU 142: extreme

					8		2	
	9	6						
		1			2	3	9	
					7			
9						8		
	1	4		5				7
6			4					
				8		9	5	
			2		9	6	3	

SUDOKU 143: extreme

		7		3	6		5	
	8	6		7	2			
								4
6								9
			3				6	
3		9						1
					5			2
			1	8				
	5	8		6		4		

SUDOKU 144: extreme

	6	3				1		9
			6			4		
	9	5					8	
	8		9					
7				4	2		5	
								7
	3	9		2				1
		1						8
				6	9			

SUDOKU 145: extreme

	7						4	8
3			5					
1		8					9	5
		6						
				8				7
	4		3		2	6		
			5		8			
		7					1	
		1	2				8	9

SUDOKU 146: extreme

	3		2		9			5
				7		6		
		5						
		1			2	8	7	
			7		4			
		6					1	
1		7				4	8	
	6					7	3	
9				4				

SUDOKU 147: extreme

						6		
	3	9	4					2
	8	4	3	5				
			1		9	7		
					3	1		
9								3
7		5						
		3	5	2			6	
	2					8		

SUDOKU 148: extreme

3			1				6	2
5							3	
			9		6			
4								
				6				5
		8	7		1	4		
6	3						2	9
	7			9				
		5					8	6

SUDOKU 149: extreme

	6					8	1	
	1					5		
5			8					
			6		2			
		9			5		2	4
	7			4				
				7	3		5	2
4				5	8		3	
	9							

SUDOKU 150: extreme

	9	3	1					2
	2							8
			6	9				
								7
		8			9			
7			4	1			5	
	3	6				2		9
					6	4		
	5	9					8	

SUDOKU 151: extreme

				9			1	6
		7	5					
			3		1		7	2
		1					9	
					8			
5	4			6		8		
7	1							
					9			3
4					3		2	1

SUDOKU 152: extreme

		9					3	
			7	1				
		3	4				1	2
	6		5	4		8		
		8						
					1			9
5					7			
	9						6	1
3		1					2	7

SUDOKU 153: extreme

6	7				8	1		
						3		6
8					5			
					4			
	5						6	
		4		2		9		1
			9				3	
2	6			5				
7	3		8		6			

SUDOKU 154: extreme

		3	6					
				1			3	9
				9			6	
5				2				
	8	1						
	6				4	5		8
6	3		5					7
2	7					8		6
				4				

SUDOKU 155: extreme

5		4						
	9					6		
		2	4		9		8	
				2		1		
7								2
			1	7		5		
	2	7	3					9
	6	3	2		4			
						8		

SUDOKU 156: extreme

			2	9		3	5	
8				3		6	9	
		7						
	7		8	2		9		
						2		4
		5					8	
		1			9			
		4		1	6			
9								6

SUDOKU 157: extreme

6	7			8		9		
8				5				
						3		6
		4	2			1		9
				4				
	5						6	
					1		3	
2	6		5					
7	3			6	8			

SUDOKU 158: extreme

				9		6		
8	4				3			
5	6		4	1				
			7					
	3					4		
		7			8		2	9
							4	6
4	5		1					2
1			3					

SUDOKU 159: extreme

					4		7	
8					7	6	5	
2	5							
					3			
9	8		1					3
		5				4		
				7	5	2	6	
			4			5	1	
		2		9				

SUDOKU 160: extreme

				2	8	4	9	
	7				9	8	5	
		6						
		3	5		1			
		1	8					
	8							5
							2	3
		4			7			
6				7	2		8	

SUDOKU 161: extreme

			6		8		7	2
	5		7				3	6
4								
	6					3		
9				6				
1			9	3				
2								5
						1	8	
		4	8		5		6	

SUDOKU 162: extreme

			2			8		
		2		5				
5		8		6				
				7			1	
						6		4
4	1				9			2
2	4						7	3
				9				
3			1				2	8

SUDOKU 163: extreme

			8	5				
		2				4		
	1	5	3			2		
	4				5			
						9		
9			6	3			7	
					8			6
	8	1				5		2
	5	7					4	

SUDOKU 164: extreme

			8					
	5	1		6				8
2						9		
			9				4	
	7	2						
	1		4			3	2	
				9		2	6	
			2		4	7	3	
7					5			

SUDOKU 1

7	1	3	2	4	6	5	9	8
9	2	6	8	3	5	7	4	1
8	5	4	9	7	1	3	2	6
6	9	8	1	2	3	4	7	5
3	4	2	5	6	7	1	8	9
1	7	5	4	9	8	6	3	2
2	6	9	7	1	4	8	5	3
5	3	7	6	8	9	2	1	4
4	8	1	3	5	2	9	6	7

SUDOKU 2

8	4	6	9	7	1	5	2	3
1	5	3	6	2	4	8	7	9
2	7	9	8	5	3	1	4	6
3	9	1	4	8	7	2	6	5
5	8	2	3	9	6	7	1	4
4	6	7	2	1	5	9	3	8
6	2	5	7	4	8	3	9	1
7	1	4	5	3	9	6	8	2
9	3	8	1	6	2	4	5	7

SUDOKU 3

8	6	4	9	5	7	3	1	2
5	1	9	2	6	3	7	8	4
3	7	2	1	4	8	9	6	5
2	3	7	8	1	4	6	5	9
9	8	1	5	7	6	4	2	3
4	5	6	3	2	9	8	7	1
1	4	8	6	9	2	5	3	7
7	2	3	4	8	5	1	9	6
6	9	5	7	3	1	2	4	8

SUDOKU 4

8	6	5	7	1	2	9	4	3
2	3	7	8	9	4	6	5	1
9	4	1	5	3	6	2	8	7
4	9	6	1	5	8	3	7	2
5	1	2	4	7	3	8	9	6
3	7	8	6	2	9	4	1	5
1	8	4	2	6	7	5	3	9
7	2	3	9	8	5	1	6	4
6	5	9	3	4	1	7	2	8

SUDOKU 5

5	8	1	7	3	9	2	4	6
4	7	6	1	8	2	9	5	3
9	3	2	5	6	4	8	7	1
8	2	5	3	4	6	7	1	9
1	9	3	8	5	7	6	2	4
7	6	4	2	9	1	3	8	5
3	1	8	9	2	5	4	6	7
6	5	9	4	7	8	1	3	2
2	4	7	6	1	3	5	9	8

SUDOKU 6

9	7	3	6	1	4	2	5	8
1	8	2	7	5	9	4	6	3
5	4	6	8	3	2	1	7	9
7	1	8	9	6	3	5	4	2
6	5	4	2	8	1	9	3	7
2	3	9	5	4	7	8	1	6
4	2	7	3	9	5	6	8	1
8	9	1	4	7	6	3	2	5
3	6	5	1	2	8	7	9	4

SUDOKU 7

7	2	3	1	8	4	5	6	9
5	4	8	3	9	6	1	7	2
9	1	6	7	2	5	4	3	8
3	8	7	5	1	9	6	2	4
4	9	5	2	6	7	8	1	3
2	6	1	4	3	8	9	5	7
6	7	4	9	5	2	3	8	1
8	3	9	6	7	1	2	4	5
1	5	2	8	4	3	7	9	6

SUDOKU 8

3	9	8	4	5	6	2	1	7
2	5	4	8	1	7	6	9	3
7	1	6	2	3	9	5	8	4
9	6	3	1	7	8	4	2	5
8	4	5	6	2	3	9	7	1
1	7	2	5	9	4	8	3	6
4	3	7	9	8	5	1	6	2
6	8	1	7	4	2	3	5	9
5	2	9	3	6	1	7	4	8

SUDOKU 9

5	6	9	4	3	2	7	8	1
3	7	8	5	9	1	6	4	2
1	2	4	7	6	8	3	9	5
8	4	7	3	2	6	1	5	9
9	5	6	8	1	7	4	2	3
2	3	1	9	5	4	8	7	6
7	1	5	6	4	9	2	3	8
6	8	3	2	7	5	9	1	4
4	9	2	1	8	3	5	6	7

SUDOKU 10

2	3	5	1	9	7	6	4	8
7	1	4	2	8	6	5	9	3
8	9	6	5	4	3	7	2	1
6	8	2	3	5	4	1	7	9
1	4	3	7	6	9	8	5	2
5	7	9	8	1	2	4	3	6
4	2	1	9	7	8	3	6	5
9	5	7	6	3	1	2	8	4
3	6	8	4	2	5	9	1	7

SUDOKU 11

4	3	8	9	1	5	7	6	2
2	1	7	8	4	6	5	9	3
5	6	9	7	2	3	1	8	4
3	7	5	4	6	1	8	2	9
8	4	6	2	9	7	3	5	1
1	9	2	5	3	8	6	4	7
9	8	1	6	7	4	2	3	5
6	2	3	1	5	9	4	7	8
7	5	4	3	8	2	9	1	6

SUDOKU 12

4	5	7	9	1	2	8	3	6
3	6	8	5	4	7	2	1	9
9	1	2	3	6	8	7	5	4
1	4	5	7	9	6	3	2	8
6	8	3	1	2	5	9	4	7
2	7	9	4	8	3	5	6	1
8	9	4	2	3	1	6	7	5
5	3	1	6	7	9	4	8	2
7	2	6	8	5	4	1	9	3

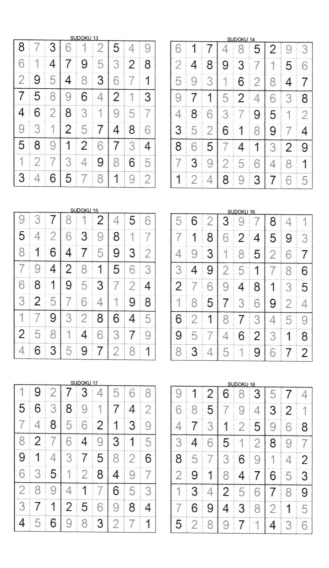

SUDOKU 13

8	7	3	6	1	2	5	4	9
6	1	4	7	9	5	3	2	8
2	9	5	4	8	3	6	7	1
7	5	8	9	6	4	2	1	3
4	6	2	8	3	1	9	5	7
9	3	1	2	5	7	4	8	6
5	8	9	1	2	6	7	3	4
1	2	7	3	4	9	8	6	5
3	4	6	5	7	8	1	9	2

SUDOKU 14

6	1	7	4	8	5	2	9	3
2	4	8	9	3	7	1	5	6
5	9	3	1	6	2	8	4	7
9	7	1	5	2	4	6	3	8
4	8	6	3	7	9	5	1	2
3	5	2	6	1	8	9	7	4
8	6	5	7	4	1	3	2	9
7	3	9	2	5	6	4	8	1
1	2	4	8	9	3	7	6	5

SUDOKU 15

9	3	7	8	1	2	4	5	6
5	4	2	6	3	9	8	1	7
8	1	6	4	7	5	9	3	2
7	9	4	2	8	1	5	6	3
6	8	1	9	5	3	7	2	4
3	2	5	7	6	4	1	9	8
1	7	9	3	2	8	6	4	5
2	5	8	1	4	6	3	7	9
4	6	3	5	9	7	2	8	1

SUDOKU 16

5	6	2	3	9	7	8	4	1
7	1	8	6	2	4	5	9	3
4	9	3	1	8	5	2	6	7
3	4	9	2	5	1	7	8	6
2	7	6	9	4	8	1	3	5
1	8	5	7	3	6	9	2	4
6	2	1	8	7	3	4	5	9
9	5	7	4	6	2	3	1	8
8	3	4	5	1	9	6	7	2

SUDOKU 17

1	9	2	7	3	4	5	6	8
5	6	3	8	9	1	7	4	2
7	4	8	5	6	2	1	3	9
8	2	7	6	4	9	3	1	5
9	1	4	3	7	5	8	2	6
6	3	5	1	2	8	4	9	7
2	8	9	4	1	7	6	5	3
3	7	1	2	5	6	9	8	4
4	5	6	9	8	3	2	7	1

SUDOKU 18

9	1	2	6	8	3	5	7	4
6	8	5	7	9	4	3	2	1
4	7	3	1	2	5	9	6	8
3	4	6	5	1	2	8	9	7
8	5	7	3	6	9	1	4	2
2	9	1	8	4	7	6	5	3
1	3	4	2	5	6	7	8	9
7	6	9	4	3	8	2	1	5
5	2	8	9	7	1	4	3	6

SUDOKU 19

4	1	3	2	9	7	8	6	5
9	8	6	5	3	1	7	2	4
5	2	7	4	8	6	1	9	3
7	9	8	6	5	3	4	1	2
3	5	1	8	4	2	6	7	9
2	6	4	1	7	9	3	5	8
6	4	5	7	2	8	9	3	1
1	3	2	9	6	4	5	8	7
8	7	9	3	1	5	2	4	6

SUDOKU 20

5	9	3	6	1	4	8	2	7
2	8	4	9	3	7	1	5	6
7	1	6	2	8	5	3	9	4
9	2	1	8	7	6	4	3	5
4	3	8	5	2	1	7	6	9
6	7	5	4	9	3	2	1	8
1	4	7	3	5	9	6	8	2
8	6	9	1	4	2	5	7	3
3	5	2	7	6	8	9	4	1

SUDOKU 21

3	8	6	9	1	7	5	2	4
4	1	2	3	6	5	8	7	9
9	7	5	2	8	4	1	3	6
1	3	4	8	5	2	9	6	7
5	9	7	4	3	6	2	1	8
6	2	8	1	7	9	4	5	3
2	5	3	6	4	8	7	9	1
7	4	1	5	9	3	6	8	2
8	6	9	7	2	1	3	4	5

SUDOKU 22

3	1	6	5	4	8	2	9	7
4	2	5	7	6	9	8	3	1
7	8	9	2	1	3	6	4	5
6	5	1	4	9	2	7	8	3
2	3	4	8	5	7	9	1	6
8	9	7	1	3	6	4	5	2
1	4	2	6	8	5	3	7	9
9	6	8	3	7	1	5	2	4
5	7	3	9	2	4	1	6	8

SUDOKU 23

6	1	8	7	4	5	2	3	9
2	4	5	3	6	9	7	1	8
7	3	9	1	8	2	6	5	4
4	9	7	8	2	1	3	6	5
5	2	3	6	7	4	8	9	1
1	8	6	5	9	3	4	2	7
8	5	2	4	1	6	9	7	3
3	6	4	9	5	7	1	8	2
9	7	1	2	3	8	5	4	6

SUDOKU 24

1	5	6	7	9	3	2	8	4
7	4	2	8	6	5	1	9	3
9	3	8	1	4	2	5	6	7
4	2	7	6	5	8	9	3	1
8	1	9	4	3	7	6	2	5
5	6	3	9	2	1	4	7	8
6	8	4	3	1	9	7	5	2
3	9	5	2	7	4	8	1	6
2	7	1	5	8	6	3	4	9

SUDOKU 25

8	9	2	3	7	1	5	4	6
4	5	6	2	9	8	1	7	3
7	1	3	6	5	4	8	9	2
3	4	8	1	2	9	7	6	5
2	6	1	5	4	7	9	3	8
9	7	5	8	3	6	2	1	4
6	2	4	9	1	5	3	8	7
1	3	7	4	8	2	6	5	9
5	8	9	7	6	3	4	2	1

SUDOKU 26

8	4	1	2	3	6	7	5	9
3	6	9	8	5	7	4	2	1
7	2	5	9	1	4	3	8	6
5	7	3	4	9	1	8	6	2
1	9	2	6	8	3	5	7	4
6	8	4	7	2	5	9	1	3
2	5	7	1	4	9	6	3	8
9	3	8	5	6	2	1	4	7
4	1	6	3	7	8	2	9	5

SUDOKU 27

9	1	2	7	3	8	5	6	4
5	6	7	2	1	4	3	9	8
8	3	4	5	6	9	7	2	1
3	7	8	9	2	6	4	1	5
6	4	9	1	8	5	2	7	3
2	5	1	4	7	3	9	8	6
4	2	5	8	9	1	6	3	7
1	9	6	3	4	7	8	5	2
7	8	3	6	5	2	1	4	9

SUDOKU 28

2	9	5	3	4	7	1	6	8
1	4	3	6	8	2	7	9	5
6	8	7	5	9	1	4	3	2
4	3	6	8	7	5	2	1	9
7	5	9	2	1	3	6	8	4
8	2	1	4	6	9	3	5	7
5	1	8	7	3	4	9	2	6
3	7	2	9	5	6	8	4	1
9	6	4	1	2	8	5	7	3

SUDOKU 29

8	9	5	4	7	6	3	2	1
4	7	2	3	1	8	5	9	6
3	1	6	5	9	2	8	7	4
7	5	9	6	8	4	2	1	3
6	2	3	7	5	1	4	8	9
1	8	4	9	2	3	6	5	7
5	6	1	8	3	9	7	4	2
9	3	8	2	4	7	1	6	5
2	4	7	1	6	5	9	3	8

SUDOKU 30

7	5	9	8	6	3	2	4	1
2	4	8	5	7	1	6	3	9
6	3	1	2	9	4	5	7	8
9	2	7	1	5	6	4	8	3
4	1	5	3	8	7	9	2	6
8	6	3	4	2	9	1	5	7
3	8	6	9	4	2	7	1	5
1	9	2	7	3	5	8	6	4
5	7	4	6	1	8	3	9	2

SUDOKU 31

5	1	6	8	2	3	4	7	9
2	8	4	9	5	7	3	6	1
9	3	7	6	4	1	8	2	5
7	6	1	4	8	2	9	5	3
3	5	8	7	9	6	1	4	2
4	2	9	1	3	5	7	8	6
6	9	5	3	7	8	2	1	4
8	4	2	5	1	9	6	3	7
1	7	3	2	6	4	5	9	8

SUDOKU 32

8	3	7	6	2	9	4	1	5
5	1	6	3	8	4	9	2	7
2	4	9	7	5	1	8	6	3
6	8	3	1	4	2	7	5	9
9	2	4	8	7	5	6	3	1
7	5	1	9	3	6	2	4	8
3	7	5	4	6	8	1	9	2
4	9	2	5	1	7	3	8	6
1	6	8	2	9	3	5	7	4

SUDOKU 33

9	7	1	8	4	6	5	2	3
6	5	4	7	3	2	9	8	1
2	8	3	5	9	1	7	6	4
5	6	7	9	8	4	3	1	2
3	4	2	6	1	7	8	5	9
8	1	9	2	5	3	4	7	6
4	9	6	1	7	5	2	3	8
1	3	5	4	2	8	6	9	7
7	2	8	3	6	9	1	4	5

SUDOKU 34

4	1	8	5	3	7	9	2	6
7	3	6	1	2	9	8	5	4
9	2	5	6	4	8	3	7	1
5	6	3	4	1	2	7	8	9
8	4	7	3	9	5	6	1	2
2	9	1	8	7	6	5	4	3
6	7	9	2	5	4	1	3	8
3	5	2	9	8	1	4	6	7
1	8	4	7	6	3	2	9	5

SUDOKU 35

7	1	8	9	5	4	6	3	2
3	4	2	8	1	6	7	9	5
6	5	9	7	3	2	1	8	4
9	3	5	6	8	7	4	2	1
4	2	7	3	9	1	5	6	8
1	8	6	4	2	5	3	7	9
2	9	1	5	7	3	8	4	6
8	6	3	1	4	9	2	5	7
5	7	4	2	6	8	9	1	3

SUDOKU 36

6	5	8	4	2	7	9	3	1
7	4	3	1	8	9	5	2	6
2	1	9	6	5	3	8	7	4
5	3	1	9	6	8	2	4	7
9	7	2	3	4	1	6	5	8
4	8	6	5	7	2	3	1	9
3	9	7	2	1	6	4	8	5
8	2	4	7	9	5	1	6	3
1	6	5	8	3	4	7	9	2

SUDOKU 37

2	3	1	5	6	4	9	8	7
6	9	8	7	3	2	4	1	5
7	5	4	1	9	8	2	6	3
4	6	5	8	7	1	3	9	2
3	7	2	9	4	6	8	5	1
1	8	9	3	2	5	6	7	4
8	2	6	4	5	7	1	3	9
9	1	7	2	8	3	5	4	6
5	4	3	6	1	9	7	2	8

SUDOKU 38

7	6	4	1	9	5	2	8	3
5	9	8	3	2	6	1	4	7
3	2	1	7	4	8	5	6	9
2	8	3	9	5	1	4	7	6
9	7	5	8	6	4	3	2	1
4	1	6	2	3	7	8	9	5
8	3	2	6	1	9	7	5	4
1	5	9	4	7	2	6	3	8
6	4	7	5	8	3	9	1	2

SUDOKU 39

8	4	2	5	1	9	6	3	7
5	3	7	4	6	8	9	1	2
1	6	9	2	7	3	8	4	5
2	7	8	1	3	4	5	9	6
9	1	6	8	5	7	3	2	4
3	5	4	6	9	2	1	7	8
4	8	3	9	2	5	7	6	1
6	9	5	7	4	1	2	8	3
7	2	1	3	8	6	4	5	9

SUDOKU 40

4	2	9	8	7	1	3	5	6
3	7	5	4	6	9	1	2	8
8	6	1	5	3	2	4	7	9
5	9	6	7	4	8	2	3	1
1	8	7	2	5	3	9	6	4
2	4	3	1	9	6	5	8	7
9	5	2	6	1	7	8	4	3
6	1	4	3	8	5	7	9	2
7	3	8	9	2	4	6	1	5

SUDOKU 41

8	1	7	3	4	2	5	6	9
2	6	5	9	7	8	1	4	3
9	4	3	1	5	6	2	8	7
1	9	4	5	2	3	8	7	6
5	3	6	7	8	1	4	9	2
7	8	2	6	9	4	3	5	1
6	5	8	2	1	7	9	3	4
3	2	9	4	6	5	7	1	8
4	7	1	8	3	9	6	2	5

SUDOKU 42

1	4	6	8	5	9	3	2	7
7	9	5	3	1	2	6	8	4
8	2	3	4	6	7	5	9	1
4	6	7	9	2	1	8	5	3
3	8	2	7	4	5	1	6	9
5	1	9	6	8	3	7	4	2
6	7	4	2	3	8	9	1	5
9	5	8	1	7	4	2	3	6
2	3	1	5	9	6	4	7	8

SUDOKU 43

6	5	3	2	8	9	1	4	7
4	9	7	1	5	6	2	8	3
8	1	2	3	4	7	5	6	9
3	4	8	9	7	2	6	1	5
5	7	9	6	1	4	3	2	8
2	6	1	8	3	5	9	7	4
1	3	4	5	6	8	7	9	2
7	2	5	4	9	1	8	3	6
9	8	6	7	2	3	4	5	1

SUDOKU 44

9	2	7	6	4	5	1	8	3
1	3	6	7	2	8	5	4	9
8	5	4	1	3	9	7	6	2
6	4	1	5	7	2	3	9	8
5	9	2	3	8	1	4	7	6
7	8	3	4	9	6	2	1	5
4	7	9	8	5	3	6	2	1
2	1	5	9	6	7	8	3	4
3	6	8	2	1	4	9	5	7

SUDOKU 45

8	2	5	4	6	3	9	1	7
9	3	1	2	5	7	6	8	4
4	7	6	1	8	9	3	2	5
7	5	9	3	1	2	8	4	6
1	4	2	6	7	8	5	9	3
6	8	3	9	4	5	2	7	1
3	6	7	8	9	4	1	5	2
2	9	4	5	3	1	7	6	8
5	1	8	7	2	6	4	3	9

SUDOKU 46

4	1	6	8	2	3	9	5	7
8	2	5	9	1	7	6	3	4
7	9	3	5	4	6	8	1	2
2	7	1	4	6	9	5	8	3
6	4	8	7	3	5	1	2	9
3	5	9	2	8	1	7	4	6
9	8	7	3	5	2	4	6	1
1	3	4	6	7	8	2	9	5
5	6	2	1	9	4	3	7	8

SUDOKU 47

7	1	4	2	9	8	3	5	6
9	8	5	3	6	7	2	1	4
6	3	2	5	1	4	7	8	9
5	7	1	4	3	6	8	9	2
4	2	9	7	8	1	6	3	5
3	6	8	9	2	5	1	4	7
1	4	7	6	5	3	9	2	8
8	9	6	1	4	2	5	7	3
2	5	3	8	7	9	4	6	1

SUDOKU 48

8	3	5	9	6	7	1	4	2
4	9	2	8	1	3	6	7	5
6	7	1	5	4	2	9	8	3
9	4	7	3	8	5	2	6	1
1	5	6	4	2	9	7	3	8
2	8	3	1	7	6	5	9	4
5	2	4	6	9	8	3	1	7
3	6	8	7	5	1	4	2	9
7	1	9	2	3	4	8	5	6

SUDOKU 49

6	8	1	4	9	5	3	7	2
2	9	7	3	8	1	5	4	6
3	4	5	6	2	7	9	1	8
9	5	2	1	6	8	4	3	7
7	3	6	5	4	9	2	8	1
8	1	4	2	7	3	6	9	5
1	2	9	7	5	4	8	6	3
4	6	3	8	1	2	7	5	9
5	7	8	9	3	6	1	2	4

SUDOKU 50

5	6	4	8	2	1	7	9	3
9	1	2	6	3	7	4	8	5
8	7	3	4	9	5	6	1	2
3	5	7	9	8	2	1	6	4
6	4	9	1	5	3	2	7	8
1	2	8	7	6	4	3	5	9
2	8	5	3	1	6	9	4	7
7	9	6	2	4	8	5	3	1
4	3	1	5	7	9	8	2	6

SUDOKU 51

5	7	9	4	2	6	8	1	3
4	2	8	1	9	3	6	5	7
3	1	6	5	7	8	9	4	2
9	5	3	2	1	4	7	8	6
1	8	7	3	6	9	5	2	4
6	4	2	7	8	5	1	3	9
8	6	1	9	4	2	3	7	5
2	9	5	8	3	7	4	6	1
7	3	4	6	5	1	2	9	8

SUDOKU 52

4	1	9	6	7	8	2	5	3
7	8	5	3	4	2	9	1	6
2	3	6	1	5	9	7	8	4
6	4	8	5	2	3	1	7	9
1	2	3	7	9	6	8	4	5
5	9	7	8	1	4	6	3	2
8	7	4	2	6	5	3	9	1
3	5	2	9	8	1	4	6	7
9	6	1	4	3	7	5	2	8

SUDOKU 53

2	9	7	6	8	1	5	3	4
3	6	4	2	5	9	8	1	7
5	1	8	3	4	7	2	9	6
6	3	1	8	7	5	4	2	9
7	4	5	1	9	2	3	6	8
8	2	9	4	6	3	7	5	1
9	5	6	7	3	8	1	4	2
4	7	2	5	1	6	9	8	3
1	8	3	9	2	4	6	7	5

SUDOKU 54

3	1	7	8	2	6	5	4	9
8	9	5	7	1	4	2	3	6
6	4	2	9	5	3	8	7	1
9	5	3	2	6	7	4	1	8
2	6	4	1	9	8	7	5	3
1	7	8	4	3	5	6	9	2
5	3	9	6	4	2	1	8	7
7	2	1	5	8	9	3	6	4
4	8	6	3	7	1	9	2	5

SUDOKU 55

3	5	2	9	8	1	7	4	6
9	6	1	4	3	7	8	5	2
8	7	4	2	6	5	1	3	9
6	4	8	5	2	3	9	1	7
5	9	7	8	1	4	2	6	3
1	2	3	7	9	6	5	8	4
7	8	5	3	4	2	6	9	1
4	1	9	6	7	8	3	2	5
2	3	6	1	5	9	4	7	8

SUDOKU 56

9	2	8	3	5	4	6	7	1
3	7	6	9	8	1	2	5	4
1	5	4	7	6	2	3	9	8
4	3	1	6	7	5	8	2	9
5	8	2	1	4	9	7	3	6
7	6	9	8	2	3	1	4	5
2	1	5	4	3	6	9	8	7
6	4	7	2	9	8	5	1	3
8	9	3	5	1	7	4	6	2

SUDOKU 57

2	5	3	8	7	6	1	9	4
8	7	1	4	9	2	5	3	6
9	6	4	3	5	1	7	8	2
1	2	7	9	3	4	6	5	8
3	8	9	6	2	5	4	7	1
6	4	5	7	1	8	3	2	9
5	1	6	2	8	7	9	4	3
4	3	2	5	6	9	8	1	7
7	9	8	1	4	3	2	6	5

SUDOKU 58

9	1	4	6	2	8	3	7	5
7	5	8	3	1	9	4	2	6
3	2	6	5	4	7	8	9	1
2	6	5	8	7	3	9	1	4
4	8	7	1	9	2	5	6	3
1	3	9	4	6	5	2	8	7
6	9	3	2	5	1	7	4	8
5	4	2	7	8	6	1	3	9
8	7	1	9	3	4	6	5	2

SUDOKU 59

6	9	3	2	1	4	7	5	8
7	2	5	3	8	9	1	4	6
4	1	8	7	6	5	9	2	3
5	7	2	6	4	3	8	9	1
8	3	4	9	7	1	5	6	2
9	6	1	5	2	8	3	7	4
3	8	7	4	9	2	6	1	5
1	4	9	8	5	6	2	3	7
2	5	6	1	3	7	4	8	9

SUDOKU 60

9	5	1	4	2	8	7	3	6
2	7	6	1	5	3	8	4	9
4	3	8	6	9	7	1	2	5
5	2	7	9	4	1	6	8	3
3	1	4	7	8	6	9	5	2
6	8	9	2	3	5	4	7	1
7	6	3	8	1	2	5	9	4
8	4	5	3	6	9	2	1	7
1	9	2	5	7	4	3	6	8

SUDOKU 61

6	4	9	3	5	2	1	7	8
8	7	5	6	9	1	2	3	4
3	1	2	8	4	7	5	6	9
1	5	6	4	2	9	7	8	3
9	2	7	5	8	3	6	4	1
4	3	8	7	1	6	9	2	5
2	8	1	9	6	4	3	5	7
5	6	3	1	7	8	4	9	2
7	9	4	2	3	5	8	1	6

SUDOKU 62

6	2	3	1	8	4	7	9	5
1	9	7	2	5	3	8	4	6
8	5	4	9	7	6	3	2	1
3	1	9	6	2	5	4	7	8
4	7	6	8	9	1	2	5	3
5	8	2	3	4	7	1	6	9
7	4	8	5	1	9	6	3	2
2	3	5	7	6	8	9	1	4
9	6	1	4	3	2	5	8	7

SUDOKU 63

5	7	3	4	8	9	2	1	6
4	1	9	7	6	2	5	3	8
2	8	6	3	5	1	7	9	4
3	9	4	2	1	8	6	5	7
8	6	5	9	7	3	1	4	2
7	2	1	6	4	5	9	8	3
6	5	8	1	3	7	4	2	9
9	3	7	5	2	4	8	6	1
1	4	2	8	9	6	3	7	5

SUDOKU 64

5	7	9	4	2	6	1	8	3
3	4	6	8	9	1	5	7	2
1	8	2	7	3	5	4	6	9
7	3	5	1	6	8	9	2	4
8	9	4	3	5	2	6	1	7
6	2	1	9	7	4	3	5	8
4	5	7	2	1	9	8	3	6
9	6	3	5	8	7	2	4	1
2	1	8	6	4	3	7	9	5

SUDOKU 65

1	8	9	4	7	2	6	5	3
2	7	3	5	1	6	9	8	4
5	6	4	9	3	8	2	7	1
7	5	6	2	8	4	1	3	9
4	2	1	3	9	5	8	6	7
3	9	8	1	6	7	5	4	2
8	4	5	7	2	9	3	1	6
9	1	7	6	5	3	4	2	8
6	3	2	8	4	1	7	9	5

SUDOKU 66

1	5	6	8	2	3	7	4	9
8	4	2	1	7	9	5	6	3
7	3	9	5	6	4	8	2	1
3	9	1	7	4	8	6	5	2
5	6	8	2	3	1	9	7	4
4	2	7	6	9	5	1	3	8
6	7	4	9	8	2	3	1	5
2	8	5	3	1	6	4	9	7
9	1	3	4	5	7	2	8	6

SUDOKU 67

9	2	6	5	4	3	7	8	1
3	4	5	8	7	1	2	6	9
7	8	1	2	6	9	4	5	3
2	6	4	9	1	8	3	7	5
1	3	9	7	5	6	8	4	2
8	5	7	4	3	2	1	9	6
4	9	3	6	2	7	5	1	8
6	7	2	1	8	5	9	3	4
5	1	8	3	9	4	6	2	7

SUDOKU 68

7	4	1	6	5	9	3	8	2
9	5	3	8	4	2	1	7	6
8	6	2	3	1	7	9	4	5
4	1	7	5	6	3	2	9	8
6	3	9	2	8	4	5	1	7
5	2	8	9	7	1	6	3	4
1	9	5	4	2	8	7	6	3
3	8	6	7	9	5	4	2	1
2	7	4	1	3	6	8	5	9

SUDOKU 69

1	6	4	8	5	7	2	9	3
2	8	5	9	6	3	4	1	7
9	7	3	1	4	2	5	6	8
6	3	7	2	1	4	8	5	9
4	9	1	3	8	5	7	2	6
8	5	2	7	9	6	3	4	1
3	1	9	4	2	8	6	7	5
7	4	6	5	3	9	1	8	2
5	2	8	6	7	1	9	3	4

SUDOKU 70

3	7	9	5	6	8	4	2	1
4	6	5	9	2	1	8	7	3
2	1	8	3	4	7	9	6	5
6	9	1	8	5	2	3	4	7
5	2	4	7	1	3	6	8	9
7	8	3	6	9	4	5	1	2
8	3	6	2	7	5	1	9	4
9	4	7	1	3	6	2	5	8
1	5	2	4	8	9	7	3	6

SUDOKU 71

7	5	4	2	8	6	9	3	1
1	9	8	3	4	5	6	7	2
6	3	2	9	7	1	5	8	4
9	4	7	5	1	8	3	2	6
2	1	6	4	3	9	7	5	8
3	8	5	6	2	7	1	4	9
5	2	1	8	6	3	4	9	7
4	6	9	7	5	2	8	1	3
8	7	3	1	9	4	2	6	5

SUDOKU 72

4	1	5	6	2	7	3	9	8
2	7	9	5	8	3	1	6	4
6	3	8	1	9	4	2	7	5
3	4	7	2	1	5	9	8	6
1	5	6	8	7	9	4	2	3
9	8	2	4	3	6	5	1	7
8	9	3	7	4	2	6	5	1
7	6	4	9	5	1	8	3	2
5	2	1	3	6	8	7	4	9

SUDOKU 73

2	3	5	9	1	4	6	7	8
8	1	9	6	3	7	2	4	5
7	6	4	5	2	8	9	1	3
4	8	3	7	5	2	1	9	6
9	7	1	8	6	3	4	5	2
5	2	6	4	9	1	3	8	7
6	5	7	2	4	9	8	3	1
3	9	8	1	7	6	5	2	4
1	4	2	3	8	5	7	6	9

SUDOKU 74

4	3	6	1	5	7	9	8	2
8	7	9	2	4	3	1	5	6
2	1	5	8	9	6	3	4	7
1	9	4	7	2	5	6	3	8
5	8	3	6	1	4	2	7	9
6	2	7	9	3	8	4	1	5
3	6	8	4	7	9	5	2	1
9	5	1	3	8	2	7	6	4
7	4	2	5	6	1	8	9	3

SUDOKU 75

8	6	4	7	9	1	3	2	5
5	3	9	4	8	2	7	1	6
1	7	2	3	6	5	8	4	9
7	1	6	2	4	3	5	9	8
9	2	8	6	5	7	4	3	1
4	5	3	9	1	8	6	7	2
2	4	1	8	7	6	9	5	3
3	8	7	5	2	9	1	6	4
6	9	5	1	3	4	2	8	7

SUDOKU 76

9	4	5	8	6	7	1	2	3
6	3	7	2	1	9	4	5	8
8	2	1	3	5	4	6	7	9
5	9	6	1	2	8	3	4	7
2	8	4	9	7	3	5	1	6
1	7	3	5	4	6	8	9	2
7	6	2	4	3	1	9	8	5
4	5	8	6	9	2	7	3	1
3	1	9	7	8	5	2	6	4

SUDOKU 77

1	3	4	8	5	9	2	7	6
7	5	6	1	3	2	4	8	9
8	9	2	4	7	6	5	3	1
2	7	1	3	6	4	9	5	8
4	8	9	5	2	7	6	1	3
3	6	5	9	1	8	7	4	2
9	4	7	6	8	3	1	2	5
6	1	3	2	4	5	8	9	7
5	2	8	7	9	1	3	6	4

SUDOKU 78

5	4	6	2	7	9	1	8	3
9	2	7	1	3	8	4	5	6
3	8	1	4	6	5	2	7	9
2	5	4	3	1	6	8	9	7
8	7	9	5	4	2	6	3	1
1	6	3	8	9	7	5	2	4
4	1	2	9	5	3	7	6	8
6	3	8	7	2	1	9	4	5
7	9	5	6	8	4	3	1	2

SUDOKU 79

6	4	8	2	1	3	9	5	7
2	7	5	9	8	4	6	1	3
1	3	9	5	6	7	8	2	4
7	8	6	3	9	5	2	4	1
5	9	3	1	4	2	7	6	8
4	2	1	6	7	8	5	3	9
3	6	7	8	2	1	4	9	5
8	1	2	4	5	9	3	7	6
9	5	4	7	3	6	1	8	2

SUDOKU 80

6	7	1	5	8	9	2	4	3
2	5	8	4	3	6	1	9	7
3	9	4	7	1	2	5	8	6
8	3	9	2	4	5	7	6	1
7	6	2	1	9	3	8	5	4
1	4	5	8	6	7	9	3	2
9	8	6	3	2	1	4	7	5
5	1	3	9	7	4	6	2	8
4	2	7	6	5	8	3	1	9

SUDOKU 81

4	3	7	9	1	5	8	2	6
6	9	5	8	2	4	1	7	3
1	2	8	7	3	6	9	4	5
2	6	4	1	5	8	3	9	7
7	1	3	2	6	9	4	5	8
5	8	9	4	7	3	6	1	2
9	5	1	6	8	7	2	3	4
3	4	6	5	9	2	7	8	1
8	7	2	3	4	1	5	6	9

SUDOKU 82

7	8	6	4	1	3	2	5	9
3	4	5	6	2	9	8	7	1
1	9	2	8	5	7	4	6	3
8	2	7	5	3	1	9	4	6
9	6	3	7	4	8	1	2	5
4	5	1	9	6	2	3	8	7
2	3	4	1	7	5	6	9	8
5	1	8	2	9	6	7	3	4
6	7	9	3	8	4	5	1	2

SUDOKU 83

8	7	4	9	5	3	1	6	2
2	5	3	8	1	6	7	4	9
1	9	6	4	2	7	8	5	3
6	1	2	3	7	5	4	9	8
7	3	9	2	8	4	5	1	6
4	8	5	6	9	1	2	3	7
3	6	7	5	4	8	9	2	1
9	4	8	1	3	2	6	7	5
5	2	1	7	6	9	3	8	4

SUDOKU 84

7	4	3	8	1	9	5	6	2
1	5	6	7	3	2	8	9	4
2	9	8	6	5	4	7	3	1
8	3	4	5	7	6	2	1	9
9	2	5	3	4	1	6	8	7
6	1	7	9	2	8	4	5	3
3	7	9	4	8	5	1	2	6
5	6	2	1	9	7	3	4	8
4	8	1	2	6	3	9	7	5

SUDOKU 85

6	3	2	4	7	1	5	9	8
4	7	9	8	5	2	3	1	6
1	8	5	9	6	3	7	4	2
9	5	1	6	4	7	2	8	3
8	6	3	5	2	9	1	7	4
2	4	7	1	3	8	6	5	9
7	2	8	3	9	5	4	6	1
5	9	6	2	1	4	8	3	7
3	1	4	7	8	6	9	2	5

SUDOKU 86

1	4	5	2	9	8	7	6	3
2	6	7	4	3	5	8	1	9
3	8	9	7	1	6	5	2	4
7	3	4	1	8	9	6	5	2
9	1	2	6	5	4	3	8	7
6	5	8	3	2	7	4	9	1
5	2	1	8	4	3	9	7	6
8	7	3	9	6	2	1	4	5
4	9	6	5	7	1	2	3	8

SUDOKU 87

6	7	8	5	9	2	3	4	1
2	5	9	3	4	1	7	8	6
3	4	1	7	8	6	9	5	2
7	2	6	8	1	4	5	9	3
8	1	4	9	5	3	2	6	7
9	3	5	2	6	7	4	1	8
1	6	2	4	7	5	8	3	9
4	8	3	1	2	9	6	7	5
5	9	7	6	3	8	1	2	4

SUDOKU 88

5	1	2	4	3	7	6	9	8
9	7	8	5	1	6	3	4	2
6	3	4	8	9	2	7	5	1
1	5	9	6	7	4	2	8	3
8	6	3	2	5	1	9	7	4
2	4	7	9	8	3	1	6	5
7	2	6	1	4	5	8	3	9
4	9	1	3	6	8	5	2	7
3	8	5	7	2	9	4	1	6

SUDOKU 89

5	8	4	2	6	3	7	1	9
6	7	2	8	1	9	4	5	3
9	3	1	4	7	5	8	6	2
3	2	6	7	9	4	1	8	5
7	5	8	6	2	1	3	9	4
1	4	9	5	3	8	2	7	6
2	6	5	3	8	7	9	4	1
8	1	3	9	4	6	5	2	7
4	9	7	1	5	2	6	3	8

SUDOKU 90

7	6	2	9	4	3	1	5	8
9	5	1	8	7	6	4	2	3
4	3	8	1	5	2	7	6	9
6	7	4	5	3	9	8	1	2
2	8	3	7	6	1	9	4	5
1	9	5	4	2	8	3	7	6
3	4	7	6	9	5	2	8	1
5	1	9	2	8	7	6	3	4
8	2	6	3	1	4	5	9	7

SUDOKU 91

4	9	8	5	2	1	6	3	7
1	5	7	3	8	6	4	9	2
2	6	3	4	9	7	8	5	1
8	1	5	9	6	2	7	4	3
6	4	9	8	7	3	1	2	5
7	3	2	1	5	4	9	8	6
9	2	1	6	4	5	3	7	8
3	7	4	2	1	8	5	6	9
5	8	6	7	3	9	2	1	4

SUDOKU 92

4	8	9	1	6	5	3	2	7
1	5	6	2	7	3	9	4	8
3	2	7	9	8	4	6	5	1
7	9	8	5	2	1	4	6	3
5	6	4	7	3	9	8	1	2
2	1	3	8	4	6	7	9	5
6	7	5	4	1	8	2	3	9
8	4	1	3	9	2	5	7	6
9	3	2	6	5	7	1	8	4

SUDOKU 93

8	7	9	3	5	4	6	2	1
2	1	5	7	8	6	3	4	9
4	3	6	2	9	1	5	7	8
1	9	4	8	7	5	2	3	6
7	2	3	4	6	9	8	1	5
6	5	8	1	2	3	7	9	4
5	6	2	9	1	7	4	8	3
9	4	7	6	3	8	1	5	2
3	8	1	5	4	2	9	6	7

SUDOKU 94

1	4	9	8	5	7	6	3	2
7	5	8	3	2	6	4	1	9
2	6	3	4	9	1	7	5	8
4	3	1	5	6	2	9	8	7
6	2	5	7	8	9	1	4	3
9	8	7	1	3	4	2	6	5
5	1	4	9	7	3	8	2	6
3	9	2	6	4	8	5	7	1
8	7	6	2	1	5	3	9	4

SUDOKU 95

4	7	3	1	5	2	6	9	8
5	6	1	7	9	8	3	4	2
8	2	9	3	6	4	7	5	1
1	5	4	2	7	6	8	3	9
7	9	2	8	3	5	4	1	6
3	8	6	9	4	1	5	2	7
2	1	5	6	8	3	9	7	4
9	3	8	4	2	7	1	6	5
6	4	7	5	1	9	2	8	3

SUDOKU 96

1	2	9	5	4	8	6	7	3
5	7	6	1	3	2	4	8	9
4	8	3	7	6	9	2	1	5
7	3	2	6	9	1	8	5	4
8	9	4	3	7	5	1	2	6
6	1	5	2	8	4	3	9	7
2	6	1	9	5	3	7	4	8
3	5	8	4	2	7	9	6	1
9	4	7	8	1	6	5	3	2

SUDOKU 97

2	4	5	8	3	7	9	6	1
6	8	1	9	2	4	5	7	3
7	9	3	5	1	6	8	4	2
1	7	9	3	6	5	2	8	4
3	6	8	4	9	2	1	5	7
5	2	4	7	8	1	6	3	9
8	1	2	6	4	3	7	9	5
9	3	7	2	5	8	4	1	6
4	5	6	1	7	9	3	2	8

SUDOKU 98

6	8	2	4	9	7	1	5	3
9	1	3	5	8	6	2	4	7
4	7	5	1	3	2	9	8	6
5	6	7	9	1	8	3	2	4
2	9	4	6	5	3	7	1	8
8	3	1	2	7	4	5	6	9
3	2	8	7	6	5	4	9	1
1	4	6	3	2	9	8	7	5
7	5	9	8	4	1	6	3	2

SUDOKU 99

7	2	1	5	6	9	3	4	8
9	6	8	4	3	1	7	2	5
5	4	3	2	8	7	9	6	1
4	3	5	9	7	6	1	8	2
1	7	2	3	4	8	6	5	9
6	8	9	1	2	5	4	7	3
3	5	7	8	9	4	2	1	6
8	9	4	6	1	2	5	3	7
2	1	6	7	5	3	8	9	4

SUDOKU 100

9	3	7	5	1	4	2	8	6
5	8	1	2	6	9	3	4	7
6	2	4	7	8	3	1	9	5
7	5	9	3	4	6	8	2	1
3	6	2	8	7	1	9	5	4
1	4	8	9	2	5	6	7	3
4	9	3	6	5	8	7	1	2
8	7	5	1	3	2	4	6	9
2	1	6	4	9	7	5	3	8

SUDOKU 101

8	1	3	9	7	6	5	4	2
2	7	9	5	8	4	1	6	3
5	4	6	1	3	2	8	9	7
7	5	1	4	2	9	3	8	6
9	8	2	3	6	1	4	7	5
6	3	4	7	5	8	9	2	1
3	9	5	6	4	7	2	1	8
4	6	8	2	1	5	7	3	9
1	2	7	8	9	3	6	5	4

SUDOKU 102

7	3	6	4	5	9	2	8	1
4	2	5	8	1	6	9	3	7
9	8	1	3	7	2	4	6	5
1	6	2	5	8	4	3	7	9
5	9	4	7	6	3	1	2	8
8	7	3	2	9	1	6	5	4
3	5	9	1	2	7	8	4	6
2	1	7	6	4	8	5	9	3
6	4	8	9	3	5	7	1	2

SUDOKU 103

6	1	4	5	2	9	7	8	3
2	7	3	1	4	8	6	9	5
8	5	9	6	7	3	4	1	2
4	8	1	2	3	6	9	5	7
3	6	5	9	1	7	8	2	4
9	2	7	8	5	4	3	6	1
7	9	2	4	6	5	1	3	8
1	4	6	3	8	2	5	7	9
5	3	8	7	9	1	2	4	6

SUDOKU 104

3	4	5	9	8	7	6	2	1
8	6	1	5	4	2	3	9	7
2	7	9	3	6	1	8	5	4
1	5	3	4	9	6	7	8	2
9	8	7	2	1	3	5	4	6
6	2	4	8	7	5	9	1	3
5	1	2	7	3	8	4	6	9
7	9	6	1	5	4	2	3	8
4	3	8	6	2	9	1	7	5

SUDOKU 105

2	4	3	8	5	1	9	7	6
7	8	5	6	9	4	3	2	1
1	6	9	2	3	7	4	5	8
4	3	2	1	7	9	8	6	5
8	5	7	3	6	2	1	9	4
9	1	6	5	4	8	2	3	7
6	2	4	9	1	5	7	8	3
3	7	8	4	2	6	5	1	9
5	9	1	7	8	3	6	4	2

SUDOKU 106

3	6	9	1	7	5	2	8	4
5	7	8	3	2	4	1	9	6
2	1	4	8	6	9	5	7	3
1	5	6	2	9	3	7	4	8
8	4	3	7	5	1	6	2	9
9	2	7	6	4	8	3	5	1
7	9	2	4	1	6	8	3	5
6	8	5	9	3	2	4	1	7
4	3	1	5	8	7	9	6	2

SUDOKU 107

6	5	1	3	7	9	4	8	2
4	9	2	1	6	8	7	5	3
7	8	3	5	2	4	6	9	1
8	2	5	7	9	3	1	4	6
3	6	4	2	8	1	9	7	5
9	1	7	6	4	5	2	3	8
5	3	6	9	1	7	8	2	4
1	7	8	4	5	2	3	6	9
2	4	9	8	3	6	5	1	7

SUDOKU 108

1	7	9	6	2	3	5	4	8
8	6	2	4	1	5	9	7	3
3	4	5	8	7	9	1	2	6
6	1	4	7	5	8	2	3	9
9	8	7	2	3	1	4	6	5
2	5	3	9	6	4	8	1	7
4	3	8	1	9	6	7	5	2
7	9	6	5	4	2	3	8	1
5	2	1	3	8	7	6	9	4

SUDOKU 109

6	7	9	1	2	8	4	3	5
3	4	1	5	9	6	2	7	8
8	2	5	7	4	3	1	6	9
7	9	4	8	3	1	6	5	2
1	3	8	6	5	2	9	4	7
2	5	6	4	7	9	3	8	1
4	1	3	2	8	7	5	9	6
5	8	2	9	6	4	7	1	3
9	6	7	3	1	5	8	2	4

SUDOKU 110

6	3	5	2	1	8	9	7	4
1	8	9	7	3	4	2	5	6
2	4	7	9	6	5	3	8	1
3	2	4	6	5	7	1	9	8
5	7	1	8	9	3	4	6	2
9	6	8	1	4	2	7	3	5
8	9	2	5	7	1	6	4	3
4	5	6	3	2	9	8	1	7
7	1	3	4	8	6	5	2	9

SUDOKU 111

8	3	7	2	6	5	4	1	9
4	2	6	9	1	8	7	5	3
5	1	9	4	3	7	6	2	8
7	4	1	5	8	3	9	6	2
9	6	3	1	2	4	5	8	7
2	5	8	7	9	6	3	4	1
1	8	5	3	4	9	2	7	6
6	9	4	8	7	2	1	3	5
3	7	2	6	5	1	8	9	4

SUDOKU 112

8	3	4	5	7	2	1	9	6
6	9	7	8	3	1	5	4	2
1	2	5	9	6	4	3	8	7
7	8	9	6	4	5	2	3	1
3	5	2	1	8	7	9	6	4
4	1	6	3	2	9	7	5	8
2	6	8	7	9	3	4	1	5
5	4	3	2	1	6	8	7	9
9	7	1	4	5	8	6	2	3

SUDOKU 113

6	5	1	7	9	4	2	3	8
4	2	9	1	3	8	5	7	6
7	8	3	2	5	6	1	9	4
9	7	5	6	2	3	8	4	1
8	1	4	9	7	5	6	2	3
2	3	6	8	4	1	9	5	7
1	4	7	5	6	9	3	8	2
3	9	8	4	1	2	7	6	5
5	6	2	3	8	7	4	1	9

SUDOKU 114

7	5	9	2	8	4	1	6	3
6	1	3	9	5	7	2	4	8
8	2	4	1	3	6	5	7	9
1	3	5	7	4	9	8	2	6
2	7	6	8	1	3	9	5	4
9	4	8	5	6	2	7	3	1
3	8	7	6	2	1	4	9	5
4	9	1	3	7	5	6	8	2
5	6	2	4	9	8	3	1	7

SUDOKU 115

6	2	4	1	5	8	3	7	9
5	3	8	9	6	7	4	1	2
9	1	7	4	2	3	6	5	8
2	8	9	6	7	4	5	3	1
7	6	1	8	3	5	2	9	4
3	4	5	2	1	9	8	6	7
8	9	6	3	4	1	7	2	5
1	5	2	7	8	6	9	4	3
4	7	3	5	9	2	1	8	6

SUDOKU 116

1	7	9	6	4	5	3	8	2
2	5	8	7	9	3	4	6	1
6	4	3	2	8	1	7	5	9
7	8	1	4	5	2	6	9	3
4	9	2	8	3	6	1	7	5
3	6	5	9	1	7	2	4	8
5	1	6	3	7	9	8	2	4
8	3	7	5	2	4	9	1	6
9	2	4	1	6	8	5	3	7

SUDOKU 117

2	9	4	8	5	3	1	7	6
7	6	3	1	9	2	8	4	5
5	8	1	6	4	7	3	2	9
6	4	8	9	7	1	2	5	3
3	7	5	2	8	6	9	1	4
9	1	2	5	3	4	7	6	8
4	5	7	3	1	9	6	8	2
8	2	9	7	6	5	4	3	1
1	3	6	4	2	8	5	9	7

SUDOKU 118

4	7	9	3	5	1	8	2	6
5	6	8	7	4	2	1	3	9
1	2	3	6	8	9	7	5	4
9	8	1	4	2	3	6	7	5
2	4	7	9	6	5	3	1	8
6	3	5	8	1	7	9	4	2
7	5	6	1	9	4	2	8	3
3	9	2	5	7	8	4	6	1
8	1	4	2	3	6	5	9	7

SUDOKU 119

7	9	8	5	6	4	2	1	3
2	4	5	8	3	1	6	9	7
3	6	1	2	9	7	4	5	8
6	8	3	7	1	5	9	4	2
5	7	4	9	2	8	1	3	6
1	2	9	6	4	3	8	7	5
4	5	6	1	7	2	3	8	9
8	1	2	3	5	9	7	6	4
9	3	7	4	8	6	5	2	1

SUDOKU 120

2	3	9	6	1	8	5	4	7
6	7	5	9	3	4	8	1	2
4	8	1	7	2	5	6	9	3
1	4	8	3	5	9	2	7	6
9	2	7	4	8	6	3	5	1
5	6	3	2	7	1	4	8	9
3	5	6	1	4	7	9	2	8
8	1	2	5	9	3	7	6	4
7	9	4	8	6	2	1	3	5

SUDOKU 121

4	5	7	6	3	9	2	8	1
1	3	9	2	5	8	7	6	4
8	2	6	4	1	7	9	3	5
6	7	3	8	4	2	1	5	9
2	1	5	7	9	3	6	4	8
9	8	4	5	6	1	3	2	7
3	4	2	9	7	5	8	1	6
7	6	1	3	8	4	5	9	2
5	9	8	1	2	6	4	7	3

SUDOKU 122

9	6	5	8	4	3	2	1	7
2	3	4	5	1	7	8	6	9
7	8	1	2	6	9	3	4	5
4	9	8	6	2	1	7	5	3
3	5	7	4	9	8	6	2	1
1	2	6	7	3	5	4	9	8
6	7	9	1	8	2	5	3	4
8	4	3	9	5	6	1	7	2
5	1	2	3	7	4	9	8	6

SUDOKU 123

5	8	6	1	4	7	3	9	2
1	2	9	3	8	5	7	6	4
7	3	4	6	2	9	5	1	8
2	6	7	4	1	8	9	5	3
8	4	1	5	9	3	6	2	7
9	5	3	2	7	6	8	4	1
3	1	8	9	5	2	4	7	6
4	7	5	8	6	1	2	3	9
6	9	2	7	3	4	1	8	5

SUDOKU 124

2	1	3	4	7	5	8	9	6
4	6	7	3	9	8	1	2	5
9	5	8	6	1	2	7	4	3
1	3	5	2	6	7	4	8	9
6	7	2	8	4	9	5	3	1
8	9	4	1	5	3	2	6	7
5	8	9	7	3	4	6	1	2
3	2	1	5	8	6	9	7	4
7	4	6	9	2	1	3	5	8

SUDOKU 125

3	4	8	1	2	5	7	6	9
2	1	5	9	7	6	8	3	4
9	7	6	4	3	8	2	5	1
1	3	2	7	8	9	5	4	6
5	9	4	6	1	2	3	7	8
8	6	7	3	5	4	9	1	2
7	8	3	2	6	1	4	9	5
4	5	1	8	9	7	6	2	3
6	2	9	5	4	3	1	8	7

SUDOKU 126

3	4	7	2	9	1	5	8	6
8	6	5	4	7	3	9	2	1
1	2	9	8	5	6	3	4	7
7	5	6	3	4	9	2	1	8
2	3	1	6	8	7	4	5	9
9	8	4	5	1	2	6	7	3
4	9	2	7	6	8	1	3	5
6	7	3	1	2	5	8	9	4
5	1	8	9	3	4	7	6	2

SUDOKU 127

6	1	4	9	7	3	8	5	2
8	2	3	4	6	5	9	7	1
5	9	7	8	2	1	3	4	6
3	7	5	6	1	8	4	2	9
1	6	9	2	5	4	7	3	8
2	4	8	7	3	9	6	1	5
7	5	1	3	8	6	2	9	4
9	3	6	5	4	2	1	8	7
4	8	2	1	9	7	5	6	3

SUDOKU 128

6	4	5	2	1	3	9	8	7
9	1	8	4	6	7	2	3	5
7	2	3	8	9	5	6	4	1
1	7	2	3	8	9	4	5	6
8	3	6	1	5	4	7	9	2
5	9	4	7	2	6	8	1	3
3	6	1	9	4	2	5	7	8
4	5	7	6	3	8	1	2	9
2	8	9	5	7	1	3	6	4

SUDOKU 129

4	7	2	8	5	9	3	6	1
3	8	6	7	1	4	5	2	9
9	1	5	2	6	3	8	7	4
6	4	1	5	2	7	9	8	3
8	9	7	4	3	6	1	5	2
2	5	3	9	8	1	6	4	7
5	3	9	6	4	2	7	1	8
1	2	8	3	7	5	4	9	6
7	6	4	1	9	8	2	3	5

SUDOKU 130

1	4	3	9	2	8	6	7	5
5	2	8	7	6	4	9	3	1
9	7	6	5	1	3	4	8	2
2	3	4	1	5	7	8	6	9
6	1	9	8	3	2	7	5	4
7	8	5	4	9	6	2	1	3
4	6	1	2	7	5	3	9	8
8	5	7	3	4	9	1	2	6
3	9	2	6	8	1	5	4	7

SUDOKU 131

1	3	9	2	5	7	6	8	4
6	4	5	8	1	9	3	2	7
8	7	2	3	4	6	9	5	1
3	6	4	7	2	8	1	9	5
7	2	1	5	9	4	8	3	6
9	5	8	1	6	3	7	4	2
5	1	6	9	8	2	4	7	3
2	8	3	4	7	1	5	6	9
4	9	7	6	3	5	2	1	8

SUDOKU 132

8	5	1	3	9	4	6	7	2
4	7	3	6	2	5	1	9	8
2	9	6	7	1	8	3	4	5
9	2	4	5	7	3	8	6	1
1	6	5	8	4	9	2	3	7
3	8	7	1	6	2	9	5	4
7	1	9	2	5	6	4	8	3
5	4	8	9	3	1	7	2	6
6	3	2	4	8	7	5	1	9

SUDOKU 133

4	9	3	5	2	6	7	1	8
6	8	7	1	9	3	4	5	2
1	2	5	8	7	4	3	6	9
9	1	8	7	6	2	5	4	3
5	7	4	9	3	8	1	2	6
3	6	2	4	5	1	9	8	7
2	5	6	3	4	9	8	7	1
8	4	9	6	1	7	2	3	5
7	3	1	2	8	5	6	9	4

SUDOKU 134

4	7	5	9	2	1	8	6	3
3	2	9	4	8	6	5	1	7
1	8	6	3	7	5	2	4	9
8	3	7	1	6	9	4	2	5
9	5	1	2	4	3	6	7	8
6	4	2	7	5	8	9	3	1
2	9	4	5	3	7	1	8	6
5	6	3	8	1	4	7	9	2
7	1	8	6	9	2	3	5	4

SUDOKU 135

6	4	3	8	7	5	9	1	2
1	2	8	6	3	9	5	4	7
5	9	7	2	1	4	6	8	3
7	3	6	5	4	1	8	2	9
9	5	2	7	8	6	4	3	1
4	8	1	3	9	2	7	6	5
3	1	5	4	6	7	2	9	8
2	6	9	1	5	8	3	7	4
8	7	4	9	2	3	1	5	6

SUDOKU 136

9	1	4	7	5	2	3	6	8
6	3	2	8	1	9	7	5	4
8	7	5	3	6	4	9	2	1
2	9	3	4	8	7	6	1	5
1	5	8	2	9	6	4	3	7
4	6	7	5	3	1	8	9	2
3	2	9	1	4	8	5	7	6
7	8	6	9	2	5	1	4	3
5	4	1	6	7	3	2	8	9

SUDOKU 137

9	4	6	1	5	7	2	3	8
1	8	3	6	2	9	5	4	7
7	2	5	8	4	3	6	1	9
2	6	8	3	1	5	9	7	4
5	3	9	4	7	6	8	2	1
4	7	1	2	9	8	3	5	6
3	1	4	9	8	2	7	6	5
8	5	2	7	6	1	4	9	3
6	9	7	5	3	4	1	8	2

SUDOKU 138

7	8	3	4	5	2	9	1	6
4	6	2	1	9	8	7	5	3
5	9	1	7	3	6	4	8	2
6	3	9	2	1	5	8	4	7
8	4	5	9	6	7	3	2	1
2	1	7	3	8	4	5	6	9
1	5	8	6	7	9	2	3	4
3	7	4	8	2	1	6	9	5
9	2	6	5	4	3	1	7	8

SUDOKU 139

7	2	1	8	6	5	3	4	9
3	8	5	4	9	2	7	6	1
6	9	4	7	3	1	8	2	5
8	1	2	3	7	9	6	5	4
4	7	6	1	5	8	2	9	3
9	5	3	6	2	4	1	8	7
1	6	8	5	4	7	9	3	2
5	3	9	2	1	6	4	7	8
2	4	7	9	8	3	5	1	6

SUDOKU 140

2	3	7	6	1	5	8	4	9
9	5	4	8	3	7	1	6	2
8	6	1	2	9	4	5	7	3
4	8	3	1	7	9	2	5	6
7	2	6	4	5	8	9	3	1
5	1	9	3	6	2	4	8	7
3	4	5	9	2	6	7	1	8
1	9	8	7	4	3	6	2	5
6	7	2	5	8	1	3	9	4

SUDOKU 141

9	8	4	2	6	1	7	5	3
3	7	6	5	4	8	1	9	2
2	1	5	7	3	9	8	4	6
5	9	1	3	8	4	6	2	7
6	4	2	1	5	7	3	8	9
7	3	8	9	2	6	5	1	4
1	5	9	6	7	2	4	3	8
8	6	3	4	9	5	2	7	1
4	2	7	8	1	3	9	6	5

SUDOKU 142

7	5	3	1	9	8	4	2	6
2	9	6	5	3	4	1	7	8
4	8	1	7	6	2	3	9	5
3	6	2	8	4	7	5	1	9
9	7	5	6	2	1	8	4	3
8	1	4	9	5	3	2	6	7
6	3	9	4	1	5	7	8	2
1	2	7	3	8	6	9	5	4
5	4	8	2	7	9	6	3	1

SUDOKU 143

9	1	7	4	3	6	2	5	8
4	8	6	5	7	2	9	1	3
5	3	2	8	9	1	6	7	4
6	2	5	7	1	8	3	4	9
8	4	1	3	2	9	7	6	5
3	7	9	6	5	4	8	2	1
7	6	3	9	4	5	1	8	2
2	9	4	1	8	7	5	3	6
1	5	8	2	6	3	4	9	7

SUDOKU 144

2	6	3	5	8	4	1	7	9
1	7	8	6	9	3	4	2	5
4	9	5	2	7	1	3	8	6
3	8	4	9	5	7	6	1	2
7	1	6	8	4	2	9	5	3
9	5	2	3	1	6	8	4	7
5	3	9	4	2	8	7	6	1
6	4	1	7	3	5	2	9	8
8	2	7	1	6	9	5	3	4

SUDOKU 145

9	7	5	6	2	1	3	4	8
3	2	4	8	5	9	1	7	6
1	6	8	7	4	3	2	9	5
7	3	6	1	9	5	8	2	4
5	1	2	4	8	6	9	3	7
8	4	9	3	7	2	6	5	1
4	9	3	5	1	8	7	6	2
2	8	7	9	6	4	5	1	3
6	5	1	2	3	7	4	8	9

SUDOKU 146

7	3	8	2	6	9	1	4	5
4	1	2	5	7	3	6	9	8
6	9	5	4	8	1	3	2	7
5	4	1	6	9	2	8	7	3
3	8	9	7	1	4	2	5	6
2	7	6	3	5	8	9	1	4
1	5	7	9	3	6	4	8	2
8	6	4	1	2	5	7	3	9
9	2	3	8	4	7	5	6	1

SUDOKU 147

5	7	1	8	9	2	6	3	4
6	3	9	4	7	1	5	8	2
2	8	4	3	5	6	9	1	7
3	6	2	1	4	9	7	5	8
4	5	7	2	8	3	1	9	6
9	1	8	7	6	5	2	4	3
7	4	5	6	1	8	3	2	9
8	9	3	5	2	7	4	6	1
1	2	6	9	3	4	8	7	5

SUDOKU 148

3	4	9	1	7	5	8	6	2
5	1	6	2	4	8	9	3	7
7	8	2	9	3	6	5	4	1
4	5	7	3	2	9	6	1	8
1	9	3	8	6	4	2	7	5
2	6	8	7	5	1	4	9	3
6	3	4	5	8	7	1	2	9
8	7	1	6	9	2	3	5	4
9	2	5	4	1	3	7	8	6

SUDOKU 149

7	6	2	5	9	4	8	1	3
9	1	8	3	2	6	5	4	7
5	4	3	8	1	7	2	6	9
8	5	4	6	3	2	7	9	1
1	3	9	7	8	5	6	2	4
2	7	6	1	4	9	3	8	5
6	8	1	4	7	3	9	5	2
4	2	7	9	5	8	1	3	6
3	9	5	2	6	1	4	7	8

SUDOKU 150

5	9	3	1	8	4	7	6	2
6	2	4	3	5	7	1	9	8
8	7	1	6	9	2	5	3	4
9	1	5	2	6	3	8	4	7
3	4	8	5	7	9	6	2	1
7	6	2	4	1	8	9	5	3
1	3	6	8	4	5	2	7	9
2	8	7	9	3	6	4	1	5
4	5	9	7	2	1	3	8	6

SUDOKU 151

8	3	4	2	9	7	5	1	6
1	2	7	5	4	6	3	8	9
9	5	6	3	8	1	4	7	2
6	8	1	7	3	4	2	9	5
3	7	2	9	5	8	1	6	4
5	4	9	1	6	2	8	3	7
7	1	3	6	2	5	9	4	8
2	6	8	4	1	9	7	5	3
4	9	5	8	7	3	6	2	1

SUDOKU 152

4	1	9	2	6	8	7	3	5
6	2	5	7	1	3	9	8	4
8	7	3	4	9	5	6	1	2
1	6	2	5	4	9	8	7	3
9	5	8	3	7	2	1	4	6
7	3	4	6	8	1	2	5	9
5	4	6	1	2	7	3	9	8
2	9	7	8	3	4	5	6	1
3	8	1	9	5	6	4	2	7

SUDOKU 153

6	7	2	4	3	8	1	9	5
4	1	5	2	7	9	3	8	6
8	9	3	1	6	5	7	4	2
1	2	6	5	9	4	8	7	3
9	5	7	3	8	1	2	6	4
3	8	4	6	2	7	9	5	1
5	4	8	9	1	2	6	3	7
2	6	9	7	5	3	4	1	8
7	3	1	8	4	6	5	2	9

SUDOKU 154

9	2	3	6	5	7	4	8	1
4	5	6	2	1	8	7	3	9
8	1	7	4	9	3	2	6	5
5	4	9	8	2	1	6	7	3
7	8	1	3	6	5	9	2	4
3	6	2	9	7	4	5	1	8
6	3	4	5	8	2	1	9	7
2	7	5	1	3	9	8	4	6
1	9	8	7	4	6	3	5	2

SUDOKU 155

5	3	4	8	6	1	2	9	7
1	9	8	7	3	2	6	5	4
6	7	2	4	5	9	3	8	1
3	4	5	9	2	6	1	7	8
7	1	6	5	4	8	9	3	2
2	8	9	1	7	3	5	4	6
8	2	7	3	1	5	4	6	9
9	6	3	2	8	4	7	1	5
4	5	1	6	9	7	8	2	3

SUDOKU 156

4	1	6	2	9	7	3	5	8
8	5	2	4	3	1	6	9	7
3	9	7	6	5	8	1	4	2
1	7	3	8	2	4	9	6	5
6	8	9	1	7	5	2	3	4
2	4	5	9	6	3	7	8	1
7	6	1	5	8	9	4	2	3
5	2	4	3	1	6	8	7	9
9	3	8	7	4	2	5	1	6

SUDOKU 157

6	7	2	3	8	4	9	1	5
8	1	3	6	5	9	7	4	2
4	9	5	7	1	2	3	8	6
3	8	4	2	7	6	1	5	9
9	2	6	1	4	5	8	7	3
1	5	7	8	9	3	2	6	4
5	4	8	9	2	1	6	3	7
2	6	1	5	3	7	4	9	8
7	3	9	4	6	8	5	2	1

SUDOKU 158

3	7	1	8	9	2	6	5	4
8	4	9	6	5	3	2	1	7
5	6	2	4	1	7	8	9	3
2	8	4	7	3	9	5	6	1
9	3	5	2	6	1	4	7	8
6	1	7	5	4	8	3	2	9
7	2	3	9	8	5	1	4	6
4	5	8	1	7	6	9	3	2
1	9	6	3	2	4	7	8	5

SUDOKU 159

6	1	3	5	8	4	9	7	2
8	4	9	2	3	7	6	5	1
2	5	7	6	1	9	8	3	4
7	2	6	9	4	3	1	8	5
9	8	4	1	5	6	7	2	3
1	3	5	7	2	8	4	9	6
4	9	1	3	7	5	2	6	8
3	7	8	4	6	2	5	1	9
5	6	2	8	9	1	3	4	7

SUDOKU 160

1	3	5	6	2	8	4	9	7
4	7	2	1	3	9	8	5	6
8	9	6	7	5	4	3	1	2
2	4	3	5	9	1	6	7	8
5	6	1	8	4	7	2	3	9
9	8	7	2	6	3	1	4	5
7	5	8	4	1	6	9	2	3
3	2	4	9	8	5	7	6	1
6	1	9	3	7	2	5	8	4

SUDOKU 161

3	1	9	6	4	8	5	7	2
8	5	2	7	9	1	4	3	6
4	7	6	2	5	3	8	9	1
5	6	7	1	8	4	3	2	9
9	4	3	5	6	2	7	1	8
1	2	8	9	3	7	6	5	4
2	8	1	3	7	6	9	4	5
6	3	5	4	2	9	1	8	7
7	9	4	8	1	5	2	6	3

SUDOKU 162

6	9	4	2	1	3	8	5	7
1	7	2	9	5	8	3	4	6
5	3	8	7	6	4	2	9	1
8	2	3	4	7	6	5	1	9
9	5	7	8	2	1	6	3	4
4	1	6	5	3	9	7	8	2
2	4	9	6	8	5	1	7	3
7	8	1	3	9	2	4	6	5
3	6	5	1	4	7	9	2	8

SUDOKU 163

4	3	9	8	5	2	6	1	7
8	6	2	1	7	9	4	5	3
7	1	5	3	4	6	2	8	9
1	4	6	7	9	5	3	2	8
5	7	3	2	8	1	9	6	4
9	2	8	6	3	4	1	7	5
2	9	4	5	1	8	7	3	6
3	8	1	4	6	7	5	9	2
6	5	7	9	2	3	8	4	1

SUDOKU 164

3	4	7	8	5	9	6	1	2
9	5	1	3	6	2	4	7	8
2	6	8	1	4	7	9	5	3
8	3	6	9	2	1	5	4	7
4	7	2	5	3	6	1	8	9
5	1	9	4	7	8	3	2	6
1	8	4	7	9	3	2	6	5
6	9	5	2	8	4	7	3	1
7	2	3	6	1	5	8	9	4